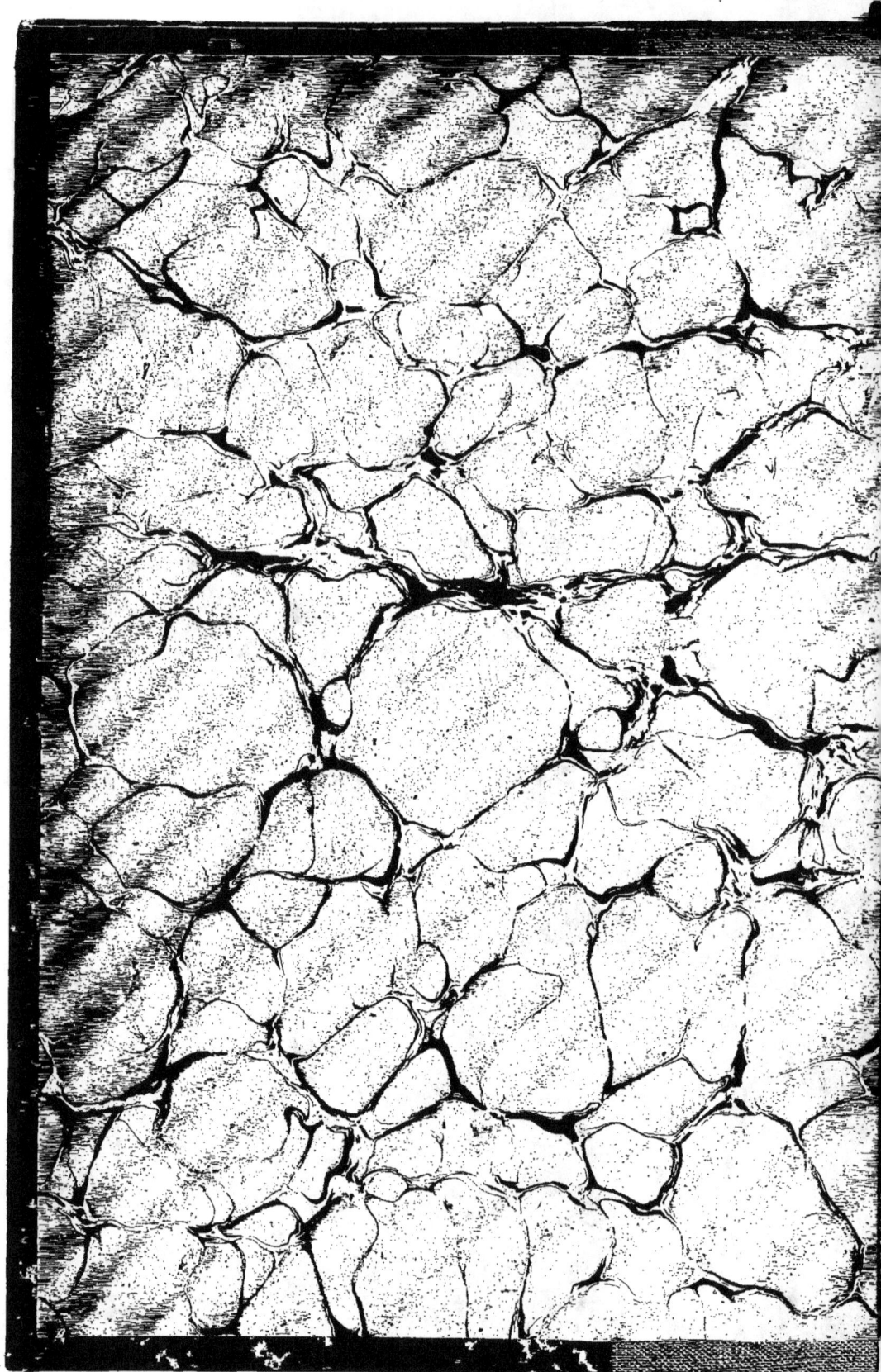

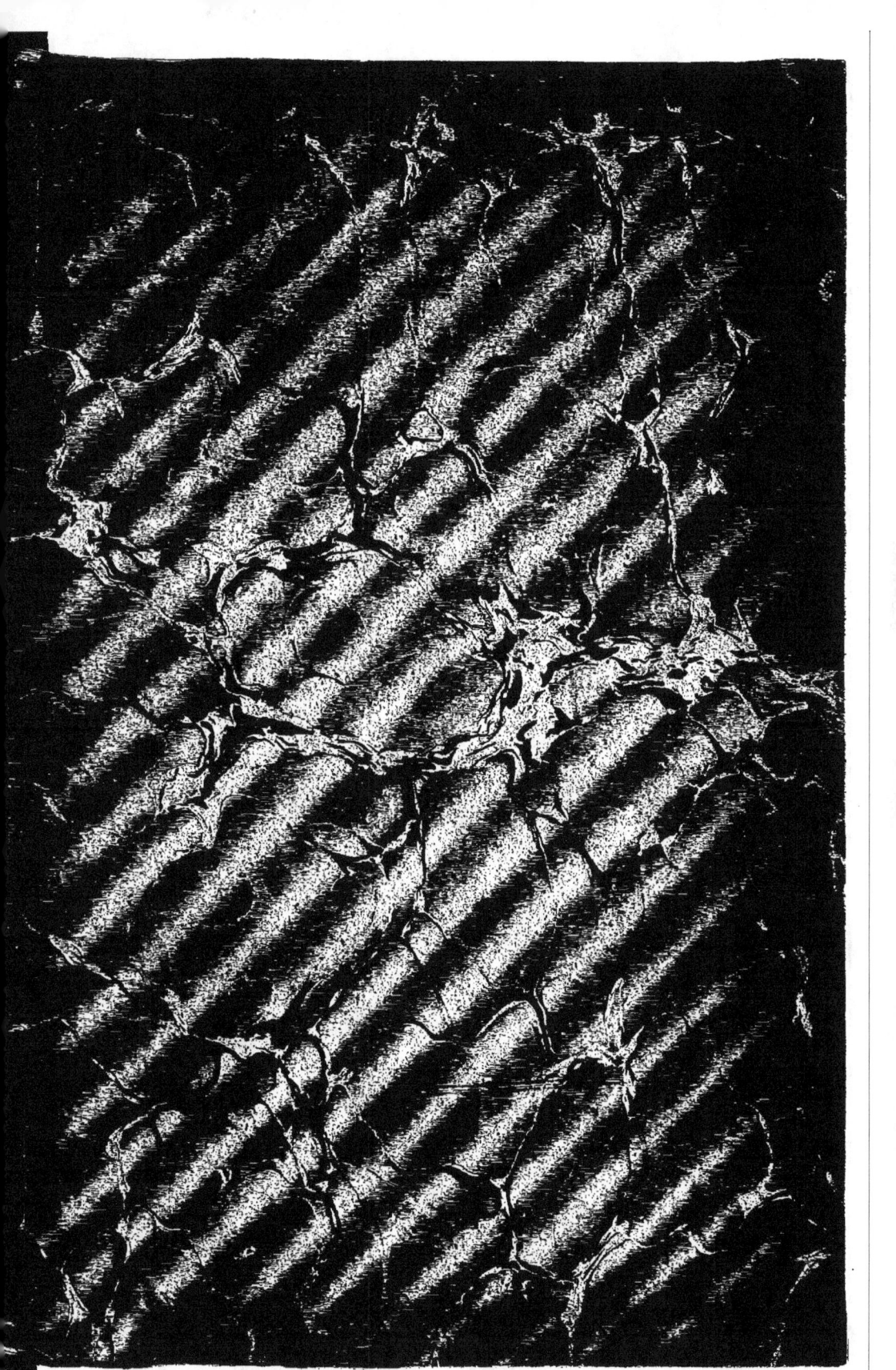

à coller en formule titre

E. Picard.

La Campagne de 1800 en

Allemagne

Atlas

P., 1907 - 1909

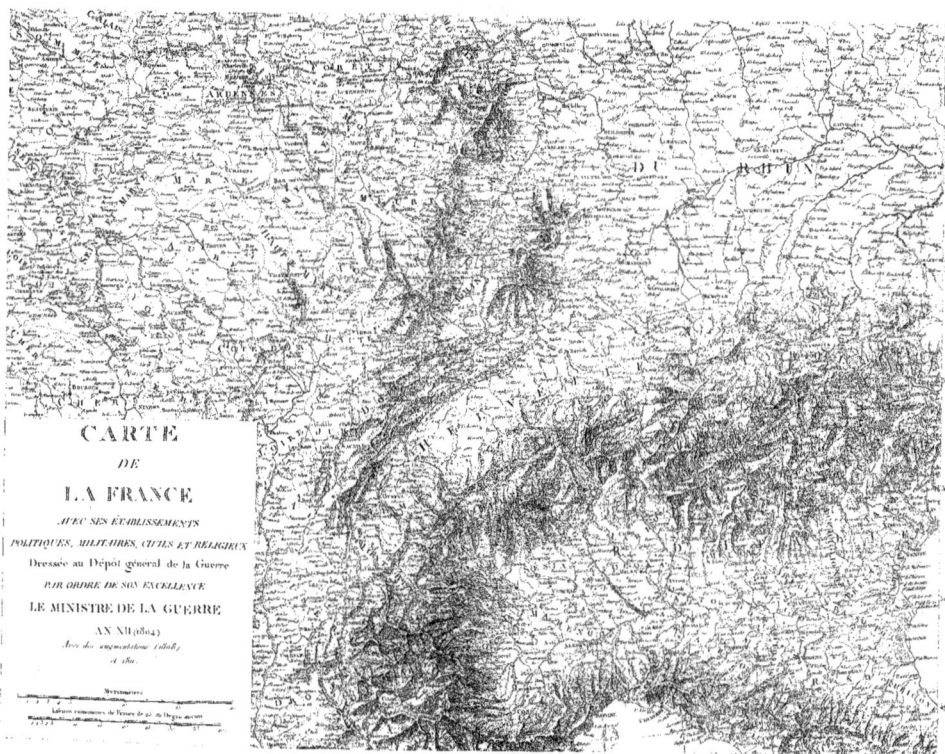

CARTE

DE

LA FRANCE

AVEC SES ÉTABLISSEMENTS

POLITIQUES, MILITAIRES, CIVILS ET RELIGIEUX

Dressée au Dépôt général de la Guerre

PAR ORDRE DE SON EXCELLENCE

LE MINISTRE DE LA GUERRE

AN XII (1804)

Avec des augmentations (détails)

et 1820

SITUATION DES DEUX ARMÉES

Le 1ᵉʳ Floréal An VIII (21 Avril 1800.)

Carte n° 2

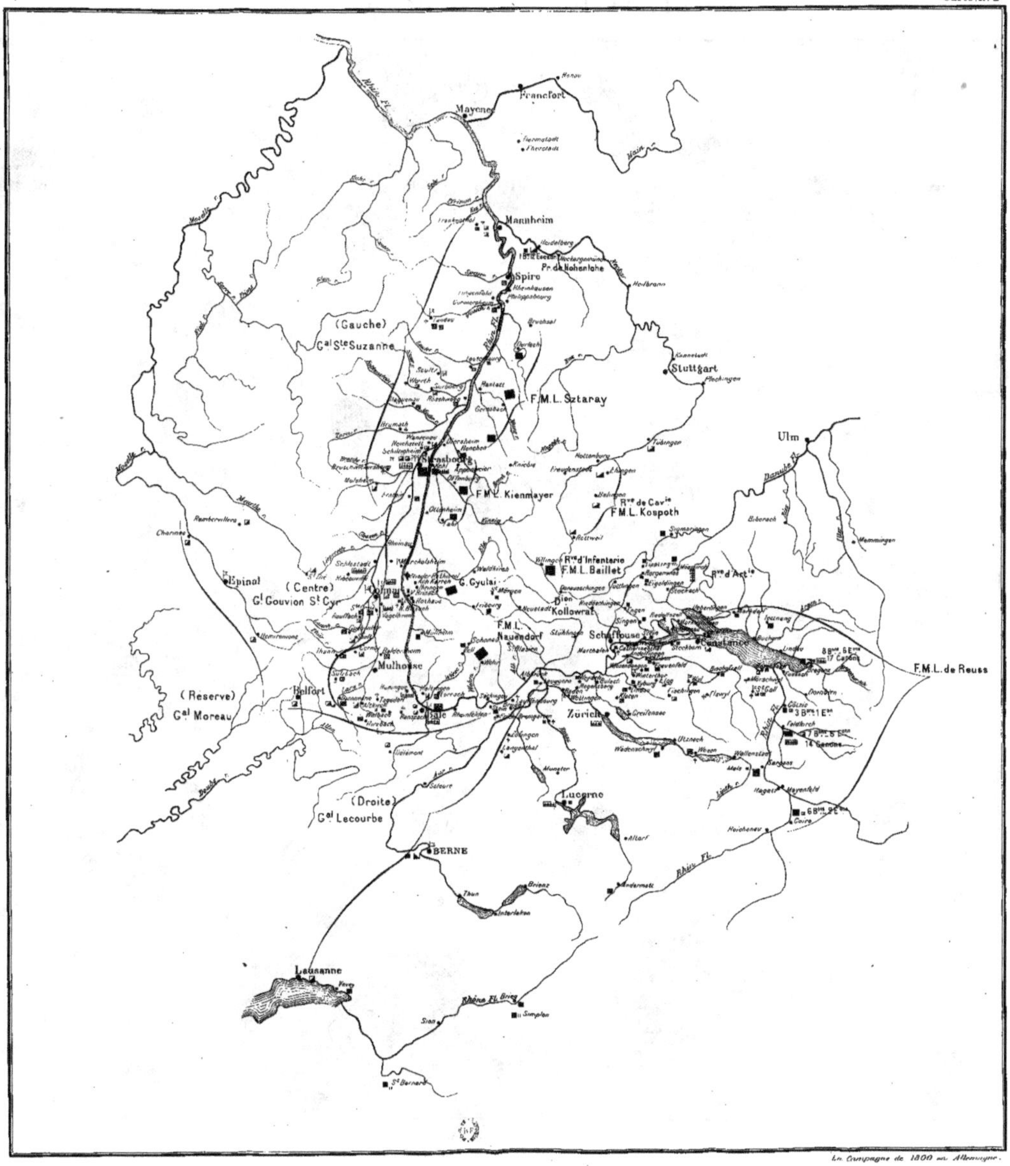

Francfort
Renau
Mayence
Sarmstadt
Herotadt
Nich nº

Mannheim
Hadelberg
Pr. de Hohenlohe
Spire
Rheinhausen
Philipsbourg
Grushal
Hohbrann

(Gauche)
Gᵃˡ Stᵉ Suzanne
Cannstadt
Stuttgart
Plochingen

Rastatt
F.M.L. Sztaray
Ulm

F.M.L. Kienmayer
Rᵗᵉ de Cavⁱᵉ
F.M.L. Kospoth
Biberach
Memmingen

Épinal
(Centre)
Gᵗ Gouvion Stᶜʸʳ
Rᵗᵉ d'Infanterie
F.M.L. Baillet
G. Gyulai
Bᵈᵉ Act ᵗᵉ
Kollowrat

F.M.L.
Nauendorf
Schaffhouse
F.M.L. de Reuss
Mulhouse

(Réserve)
Gᵃˡ Moreau
Belfort
Zurich
3 Bᵗˢ 11 Eᵗ
Lᵉ Gendre
6 Bᵗˢ 9 Eᵗ

(Droite)
Gᵃˡ Lecourbe
Lucerne
6 Bᵗˢ 9 Eᵗ
Coire
Allarf

BERNE
Rhin Fl.
Thun
Brienz
Andermatt
Interlaken

Lausanne
Rhône Fl. Brieg
Sion
Simplon

Stᵗ Bernard

Echelle de ¹/₁,₀₀₀,₀₀₀

Kil 10 5 0   10   100   150 Kil

La Campagne de 1800 en Allemagne.

Carte militaire d'Allemagne (de l'État Major bavarois) 1822.

Échelle 500.000

La Campagne de 1800 en Allemagne.

BISCHWEILER

STOLLHOFEN

SCHARZACH

LICHTENAU

Weyersheim

Offendorf

Scherzheim

Hördt

Gambsheim

Ottersweier

Maria Linden

FREISTETT

Kilstett

BISCHOFSHEIM

Gamshurst

Wantzenau

Diersheim

Kroschweier

NIEDERSULEN

Oberacher

Linx

Wachthurst

Auenheim

Oelmsbach

STRASBURG

Kork

Elshurst

Orloschen

Kehl

Sundheim

Adelshurst

WILLSTETT

Oberacid

Nussbach

Ottenweier

Goldscheim

Windschlag

Marlen

Killersweg

Wehr

Bühl

Waltersweier

OFFENBURG

Mühlheim

Schutterwald

Ortenau

Altenheim

Elgersweier

Dundenheim

Ullsen

Schenheim

Allweier

Niederschopfheim

GENGENBACH

Carte Topographique de l'Ancienne Souabe 1818.
Commencée en 1801 par les soins du Général Moreau.

Échelle 100.000

La Campagne de 1800 en Allemagne.

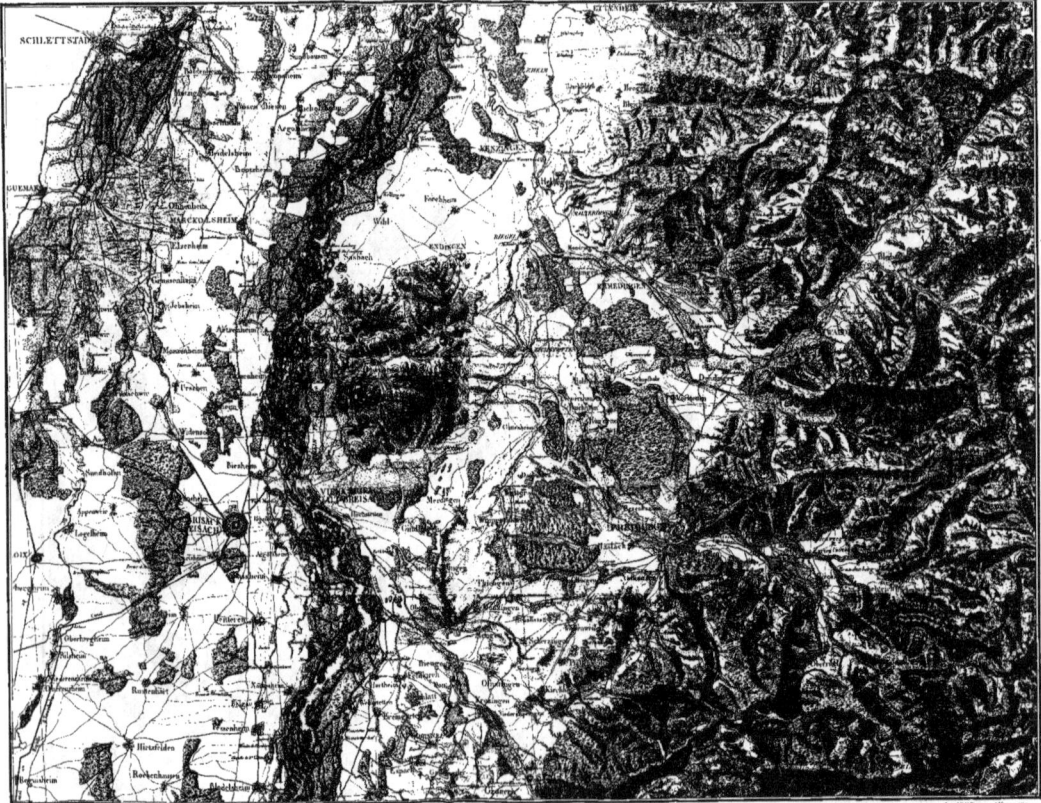

Carte Topographique de l'Ancienne Armée 1812.
Reconstruite en 1891 par les soins du Général Hennon.

Échelle 1/80 000

La Campagne de 1895 en Allemagne.

Carte n° 6

Carte Topographique de l'Ancienne Souabe 1818.
Commencée en 1801 par les soins du Général Moreau.

Échelle 100.000

La Campagne de 1800 en Allemagne.

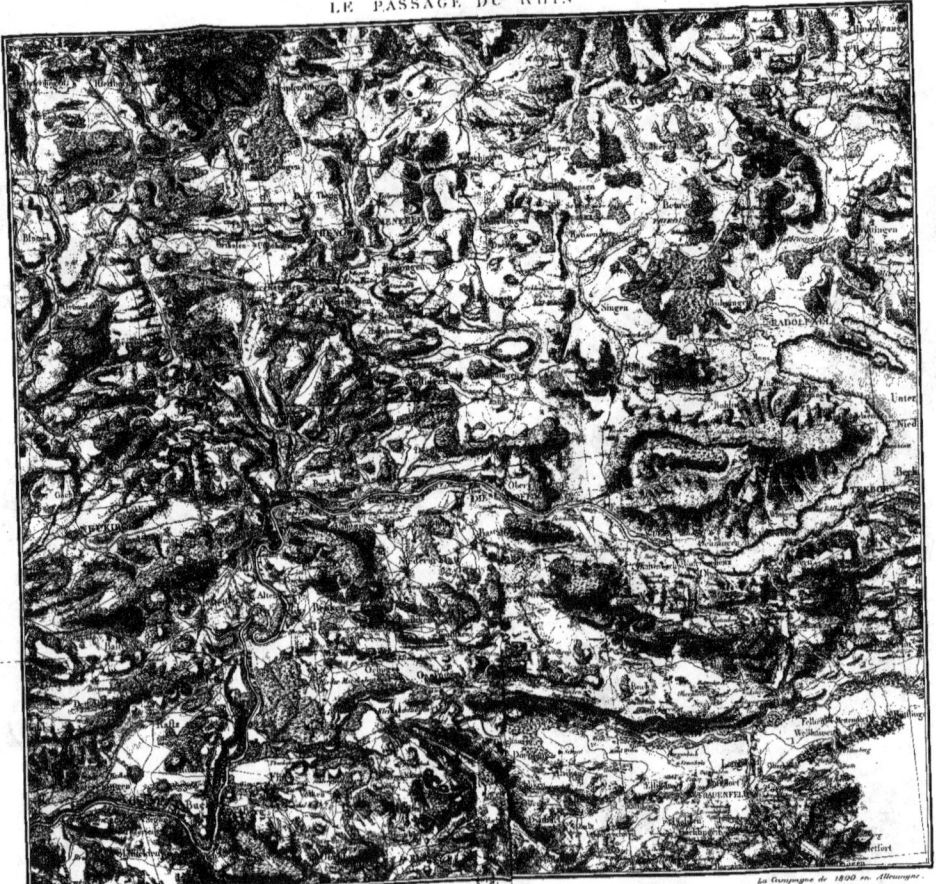

Carte Topografique de l'Ancienne Souabe - 1818.
Commencée en 1801 par les soins du Général Moreau.

Échelle 100.000

La Campagne de 1800 en Allemagne.

Échelle de 1/100,000

Légende
Français
Autrichiens

Echelle $\frac{1}{200.000}$

La Campagne de 1800 en Allemagne

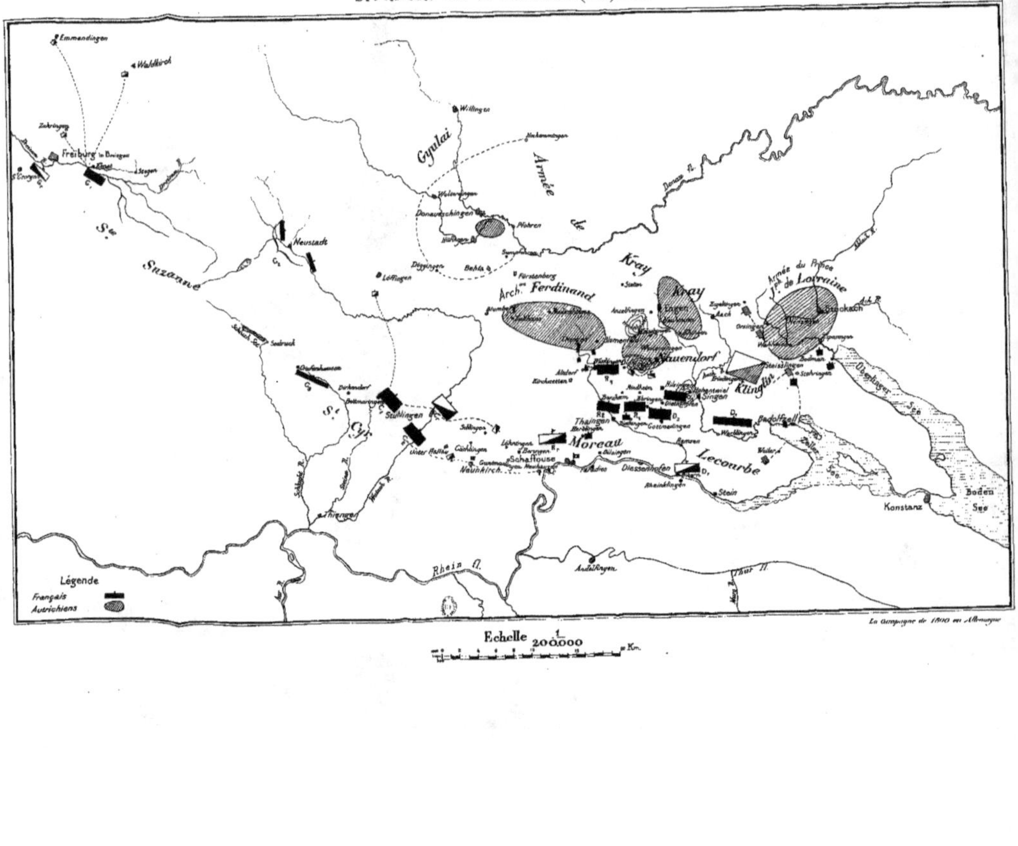

ENGEN-STOCKACH
(13 Floréal —— 3 Mai)

Carte n.º 5

Geisingen

Kattingen
Emmerdingen
Zipringen

Mausenhein
Biessendingen
Gallmannsweil
Loch

Aulfingen
Krisgersthal
Glashütten
Glashütte
Schwandingen
Mühlingen
Sortenhart

Kupferdingen
Stetten
Hondtetten
Glashüttenhof
Larnay

Riedöschingen
Wattardingen
ENGEN
Aach
Eigelingen
Mühlspüren
Hindelwangen
STOCKACH

Thängen
Blumenfeld
Weischlingen
Ehingen
Volkertshausen
Orsingen
Nenningen

Büsslingen
Wahlwies
Bernadingen

Alsdorf
Kirchstetten
Bypolingen
Schlat
Bodmer

Duchtingen
Steisslingen
Stahringen

Holzwiesen
Hohenkrehen

Barzheim
Teringen
Gingen

THAINGEN
Radolfzell
Zeller See

Légende

Situation initiale	Phase principale	Situation finale

Français
Autrichiens

Campagne de 1800 en Allemagne

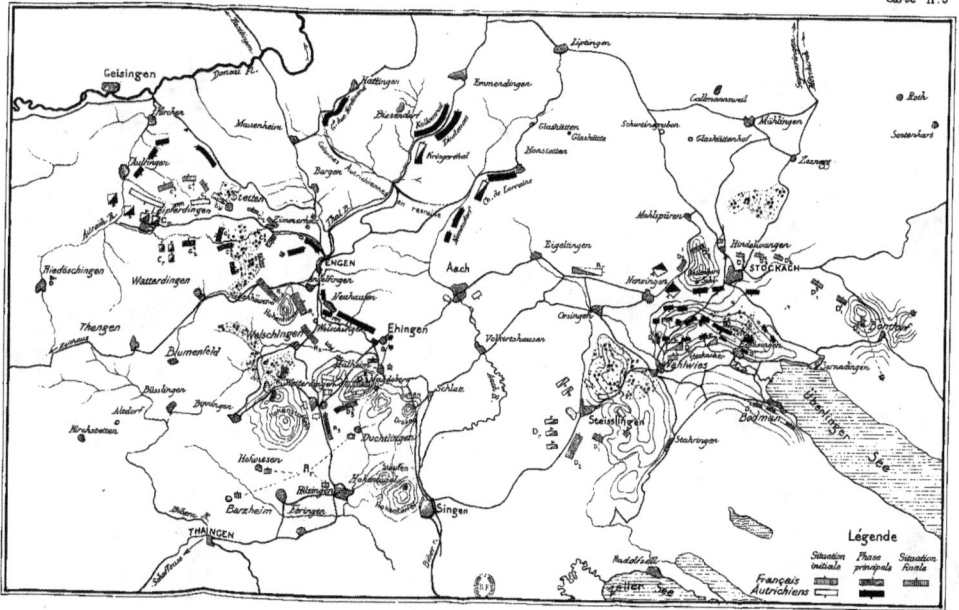

Echelle $\frac{1}{100.000}$

10 Kon.

Echelle initiale

(15 Floréal) MESSKIRCH (5 Mai)
Situations successives les 13, 14, 15, 16, 17, 18 Floréal

Échelle 1/200.000

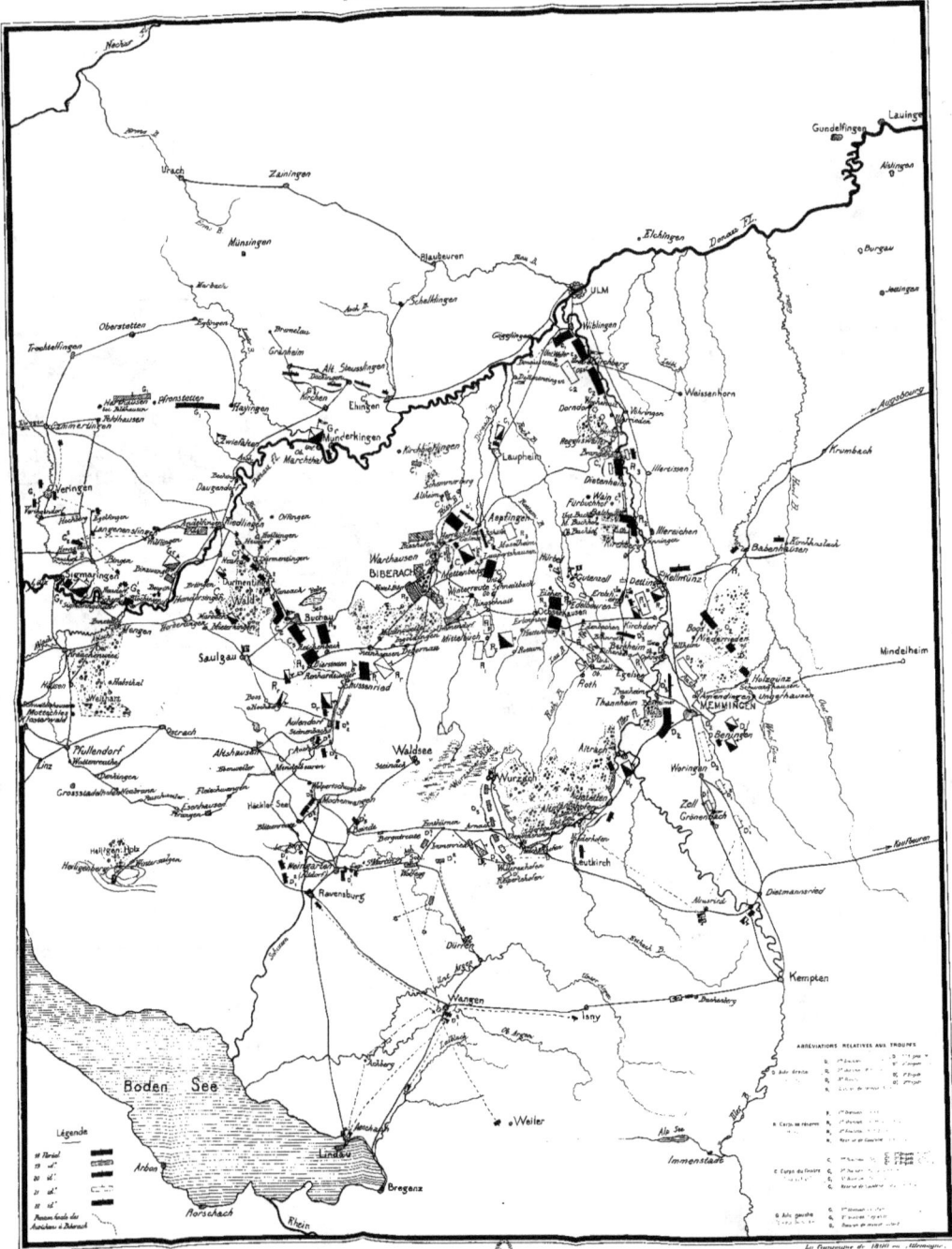

Neckar

Lauingen
Gundelfingen
Alblingen

Urach
Zainingen
Burgau
Jessingen

Münsingen
Elchingen
Danube Fl.

Blaubeuren
Mör. B.
ULM
Wiblingen

Oberstetten
Gögglingen
Söflingen
Weissenhorn

Trochtelfingen
Eybringen
Grünheim
Alt Steussslingen

Pfronstetten
Hayingen
Gr. Münderkingen
Ehingen
Laupheim
Illerissen
Krumbach

Zwiefalten
Kirchbierlingen
Wain
Illerwichen
Augsbourg

Veringen
Daugendorf
Warthausen
Aepfingen

Langenenslingen
BIBERACH
Detlingen
Kellmünz
Babenhausen

Sigmaringen
Durmentingen
Buchau
Mindelheim

Saulgau
Kirchdorf
Niederraden

Steinhausen
Aulendorf
MEMMINGEN
Thannheim

Mullendorf
Altshausen
Waldsee
Altrach
Woringen

Linz
Grossstadt
Wurzach
Zell Grönenbach

Heiligen-Holz
Ravensburg
Kempten

Boden See
Wangen
Isny
Immenstadt

Légende
Lindau
Arbon
Bregenz
Rorschach
Rhein

ABREVIATIONS RELATIVES AUX TROUPES

Echelle 1/200.000

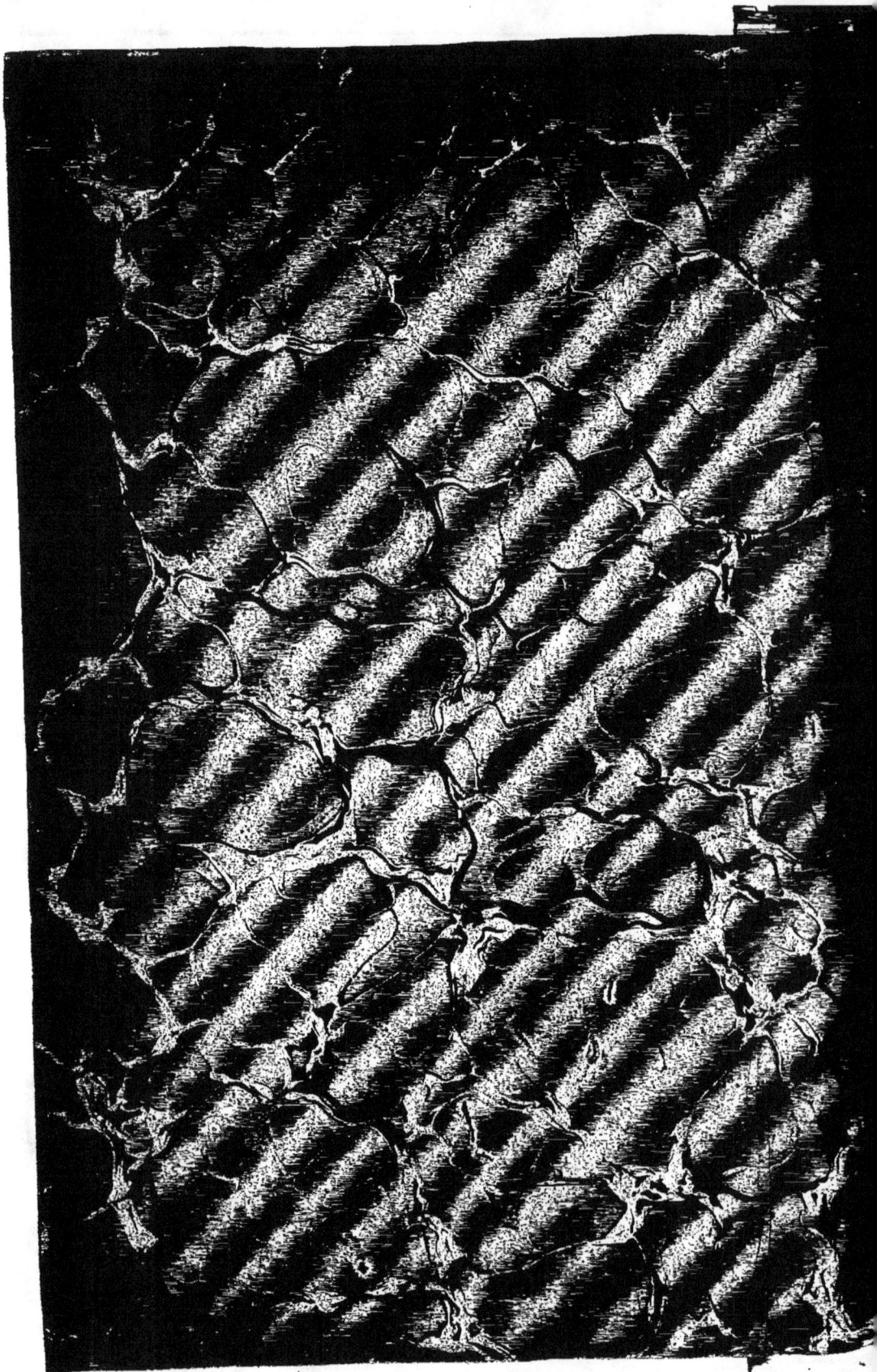

www.ingramcontent.com/pod-product-compliance
Lightning Source LLC
Chambersburg PA
CBHW060811280326
41934CB00010B/2638